Patricia Habaal

UND ICH LASS DICH NICHT SCHREIEN

AUCH WENN ES GUT FÜR DIE LUNGEN IST

Bibliografische Information der Deutschen Nationalbibliothek
Die Deutsche Nationalbibliothek verzeichnet diese Publikation
in der Deutschen Nationalbibliografie;
detaillierte bibliografische Daten sind im
Internet über http://dnb.d-nb.de abrufbar.

Herstellung und Verlag:
Books on Demand GmbH, Norderstedt

1. Auflage 2010

Layout-/Satzerstellung & Grafikdesign:
Pia Schneider, atelier colour-vision
www.colour-vision.de

Bildnachweis:
Bigstockphoto

Printed in Germany

ISBN: 9783842328068

Hinweis

Die Ratschläge in diesem Buch sind vom Autor sorgfältig erwogen und in eigener Erfahrung überprüft worden. Sie bieten jedoch keinen Ersatz für kompetenten medizinischen Rat.

Jede Leserin und jeder Leser ist für sein eigenes Handeln selbst verantwortlich. Alle Angaben in diesem Buch erfolgen daher ohne jegliche Gewährleistung oder Garantie seitens des Verlags oder des Autors.

Eine Haftung des Autors bzw. des Verlags und seiner Beauftragten für Personen-, Sach- und Vermögensschäden ist ausgeschlossen.

INHALT

EINLEITUNG

Ich bin vierfache Mutter und gehe ganz in meiner Rolle auf. Meinen Kindern zu einem glücklichen Leben zu verhelfen ist die Erfüllung meines Daseins und gibt mir alles, was ich mir für mich erhofft habe.
Ich habe sogar mein Studium aufgegeben, als ich dem Mann meines Lebens begegnete und ich ein Leben als Mutter und Familienmanagerin erfüllender fand.

Ich wollte nie Kompromisse eingehen, wenn es darum ging, für meine Kinder da zu sein und für sie zu sorgen.
Seit ich denken kann, habe ich einen starken Sinn für die Bedürfnisse von Kleinkindern.
Gerade Neugeborene und Kinder, die noch nicht sprechen können, liegen mir am Herzen.

Viel zu oft erlebe ich Mütter, die, selbst gestresst, ihre Kinder anschreien, ihnen einen Klaps verpassen, auf die Finger schlagen, sie am Arm zerren oder ihnen wilde Strafen androhen.
Solche Situationen sind allgegenwärtig – sei es im Supermarkt, auf dem Spielplatz oder auch zu Hause.

Mich überkommt jedes Mal Mitleid mit diesen kleinen Wesen. Sie können sich nicht wehren, nichts erklären, nichts besprechen und sind der Situation hilflos ausgeliefert. In solchen Momenten klingen die unausgesprochen Worte der Kleinen in meinen Ohren.

Stets möchte ich dann für sie einspringen und ihr Sprachrohr sein, um zu zeigen, wie sehr sie missverstanden werden.

Für meine eigenen Kinder habe ich mir deshalb geschworen, ihre Schreie immer ernst zu nehmen, mit ihnen zu kommunizieren, auch wenn sie noch nicht sprechen können, und dies von ihrem ersten Atemzug an zu tun.

Bei all meinen Kindern ist mir dies gelungen. Ich habe es geschafft, mit den einfachsten Mitteln in Kontakt zu diesen hilflosen kleinen Wesen zu treten und mit ihnen zu sprechen.

Jedes meiner Kinder hat einen anderen Charakter, doch sie alle waren ruhige, ausgeglichene, glückliche und zufriedene Babys.

Besucher staunten immer über meine unkomplizierten Kinder.

„Der ist aber zufrieden",

„der ist aber lange ruhig",

„das ist kein Schreibaby, oder?"

waren die Kommentare, die ich zu hören bekam.

Ob Arztbesuch, Gang in den Supermarkt oder Stippvisite bei Freunden und Verwandten – ich hatte fast nie Probleme mit schreienden Babys. Ausnahmen gab es natürlich, aber dann waren meine Kinder entweder krank oder hatten Schmerzen, weil zum Beispiel die Zähne kamen.

Dabei hatte ich nicht etwa nur Glück mit meinen Kindern. Ich habe bei allen stets und in jeder Situation mit ihnen kommuniziert. Das ist mein Erfolgsgeheimnis.
Ich habe fest darauf vertraut, dass es möglich ist, mit diesen hilflosen Wesen zu sprechen, auch wenn sie meine Worte selbst nicht verstehen.

Sie fragen sich, wie das geht?
Ganz einfach.

Versetzten Sie sich in die Situation Ihres Kindes. Erspüren Sie die Erfahrungswelt des Säuglings und entwickeln Sie ein Gefühl für Ihr Kind.

Sprechen Sie die Sprache der Liebe, der Zuneigung und des Vertrauens und Sie werden sehen, dass Sie auch ohne Worte in der Lage sind, Ihr Kind zu verstehen.

Ich möchte hier meine Erfahrungen und meine Erfolge mit Ihnen teilen, um das kleine Wunder, das Sie in Ihren Händen halten, zu einem ausgeglichenen, zufriedenen und verstandenen Baby werden zu lassen.

Sie selbst werden entspannt, zufrieden und selbstbewusst auf Ihren Mutterinstinkt hören und sich nicht durch gut gemeinte Ratschläge verunsichern lassen.
Sie werden ganz genau wissen, was Sie tun müssen und was gut für Ihr Baby ist. Sie werden stolz sein, dieses Geschöpf zu verstehen. Wenn Sie lernen, Ihrem Instinkt zu vertrauen, werden Sie automatisch wissen, was richtig oder falsch ist. Sie kennen Ihr Kind am besten.

Ich möchte außerdem noch explizit darauf hinweisen, dass ich im Buch zwar vorwiegend Mütter anspreche, ich die Väter aber dennoch stets mit einschließe. Mein kleiner Ratgeber ist kurz und bündig formuliert und beschränkt sich auf wesentliche Punkte, die jedes Baby angehen. Ich verzichte bewusst auf lange und komplizierte Erklärungen. Für Väter sind diese Informationen genauso hilfreich wie für Mütter. Ich kann alle Väter deshalb nur ermuntern, ebenfalls zur Lektüre zu greifen!

VORWORT

In den letzten Jahrzehnten hat sich die Beziehung zwischen Mutter und Kind drastisch verändert. Die Rolle der Frau in der modernen Gesellschaft hat viele Neuerungen mit sich gebracht.
Ein Resultat ist die Möglichkeit für viele Frauen, sich in beruflicher Hinsicht selbst zu verwirklichen. Dies stellt Mütter heute vor die Herausforderung, das rasante Berufsleben mit dem Familienleben zu vereinbaren. Häufig ist im Zuge dessen leider eine zunehmende emotionale Distanz zwischen den Generationen zu beobachten.

Von den (werdenden) Eltern wird heute unglaublich viel erwartet.
Die Anforderungen im Berufs- und Gesellschaftsleben sind extrem hoch. Sie müssen vielseitig sein und alles können, Schwächen werden nicht toleriert, sie müssen alles schaffen.

Der Zeitdruck wird immer größer, sodass Arbeitnehmer nur noch von einem Termin zum anderen rennen, von einer Aufgabe zur nächsten hetzen. Um wettbewerbsfähig zu bleiben und den Arbeitsplatz zu behalten, haben sie oft keine andere Wahl, als sich diesen harten Spielregeln zu unterwerfen.

Besteht trotz dieser beruflichen Belastungen ein Kinderwunsch, geht mit diesem jedoch oft die Angst einher, ob diese weitere Aufgabe überhaupt in den Tagesplan einzubinden ist.

Diese Angst äußert sich in organisatorischen Fragen, aber auch in einer tiefen Verunsicherung:

- Wer steht nachts auf und kümmert sich um das weinende Baby, wenn die Mutter doch am nächsten Morgen um 8 Uhr im Büro sein muss?

- Wie kann der Partner nachts gut durchschlafen, damit er morgens ausgeruht um 8 Uhr in der Arbeit sein kann?

- Wie soll die Mutter den neugeborenen Schatz stillen, wenn sie doch eigentlich keine Zeit hat?

- Wie kann die Mutter für ihr Kind da sein, wenn sie es situationsbedingt anderen anvertrauen muss?

Für weitere Verunsicherung sorgen die vielen gut gemeinten Ratschläge und Kommentare seitens der Familie und von Freunden, die etwa so lauten könnten:

- Lass ihn doch schreien, das ist gut für die Lungen.

- Verwöhne ihn bloß nicht, sonst tanzt er dir auf der Nase herum.

- Gewöhne ihn ja nicht daran, bei dir im Bett einzuschlafen, sonst macht er das noch mit zehn Jahren.

- Trage ihn nicht so viel, sonst will er nur noch getragen werden.

- Schau mal, wie der schreit, der ist aber stur.

Nun steht die Mutter da mit all ihren Fragen und Unsicherheiten, mit all den Ratschlägen, diesem Bündel an neuen Aufgaben und all der Angst, ob sie auch ja alles richtig macht.
Was aber ist nun richtig oder falsch?

Wenn Sie sich vergleichbare Fragen stellen und ähnlich verunsichert sind, dann habe ich eine sehr einfache Lösung für Sie:

Hören Sie auf Ihren Mutterinstinkt, binden Sie sich ganz fest an Ihren Schatz und bauen Sie ein ausgeprägtes, stabiles emotionales Fundament, um auch in stürmischen Zeiten darauf vertrauen zu können. Überbrücken und meistern Sie ALLE organisatorischen Hindernisse gemeinsam mit Ihrem Kind.

Sie müssen emotionale Stabilität schaffen, denn die frühkindliche Bindung an die Bezugsperson ist und bleibt das beste Fundament für eine in sich ruhende Erwachsenenpersönlichkeit.

Im Folgenden werde ich die wichtigsten Themen aufgreifen, mit denen Sie in den ersten drei Lebensmonaten Ihres Säuglings konfrontiert werden. Für das bessere Verständnis möchte ich Sie in die Lage versetzen, sich in das Bewusstsein und die Empfindungswelt eines Neugeborenen hineinzufühlen.

Sie werden die Welt mit den Augen Ihres Kindes sehen und mit einigen goldenen Regeln in der Lage sein, auf Ihr Kind einzugehen.

Denn nur wenn Sie die Welt und die Sprache Ihres Kindes verstehen, können Sie positiv kommunizieren und die gemeinsame Zeit genießen.

Schließlich darf nicht vergessen werden, dass nicht nur – wie oben beschrieben – die Gesellschaft von den Eltern viel erwartet, sondern umgekehrt auch an das Baby unglaublich hohe Anforderungen gestellt werden.

Leider habe ich nur allzu oft gesehen, dass schon in den ersten drei Lebensmonaten vieles danebengeht und das empfindsame neue Menschenkind völlig missverstanden wird.

Wenn die Kleinsten zum ersten Mal in ihrem Leben mit Schmerzen konfrontiert werden, sollen sie gefälligst aufhören zu weinen wenn man sie hochhebt, und nicht so stur sein.

Obwohl ihnen die schönen Dinge des Lebens noch völlig neu sind, sollen sie beim Baden bitteschön viel Spaß haben.

Trotz all des Unbekannten um sie herum sollen sie einschlafen, wenn sie müde sind, und das natürlich allein im Bettchen. Unter keinen Umständen sollen sie sich schwierig anstellen.

Aus ihrem wunderschönen Zuhause – der Gebärmutter – wurden sie herausgerissen und sind plötzlich bei eigentlich fremden Menschen gelandet.
Trotzdem sollen sie einfach zufrieden sein, wenn man sich um sie kümmert.
Ich finde, das ist zu viel verlangt.
Bevor ich auf die einzelnen Themenbereiche eingehe, will ich noch auf Folgendes hinweisen.

Alle Tipps und Tricks funktionieren bei Neugeborenen mit normalen Verhaltensmustern.
Wenn gesundheitliche Faktoren der Grund für das Schreien sind, dann sollte selbstverständlich ein Arzt aufgesucht werden.

Und natürlich gibt es immer wieder Ausnahmebabys, auf die keines, der in den verschiedenen Kapiteln beschriebenen Probleme zutrifft.
Glückwünsche an diese Mütter!

1. Kommunikation

Stellen Sie sich vor, dass Sie Ihr Leben in einer warmen Umgebung verbringen.

Alles um Sie herum ist weich gepolstert. Sie werden stets getragen, oft im angenehmen rötlichen Dämmerlicht.

Das Essen kommt von allein und Sie kennen keinen Schmerz. Schreien müssen Sie nie, für Tränen gibt es keinen Grund.

Sie leben praktisch wie auf Wolken.

Aus dieser vertrauten und wunderschönen Welt werden Sie plötzlich herausgerissen, ohne vorher gefragt zu werden, und Sie finden sich unversehens auf einem neuen Planeten wieder.

Alles ist grell und kalt.
Ständig wird an Ihnen herumgezerrt.
Sie haben plötzlich Hunger, was Sie vorher nicht kannten.
Sie haben plötzlich Schmerzen und wissen nicht woher.
Vielleicht wegen der seltsamen Riesen um sie herum?
Die sind nämlich mehr als dreimal so groß wie Sie!

Alles ist neu und ein totales Chaos für Sie.

Inmitten des beängstigenden Trubels erkennen Sie ab und zu eine Stimme. Die hatten Sie zu Hause schon öfters gehört.

Ach, und manchmal liegen Sie weich und zart an einem Körper. Hmmm. Das fühlt sich geborgen an. Sie bekommen etwas Warmes zu Essen.

Und wie beruhigend die Momente, in denen Sie in den sanften Armen der Person liegen, zu der diese vertraute Stimme gehört.
Wie schön, wenn Sie hin und her getragen werden.
Es ist schon fast wie damals bei Ihnen zu Hause.

Mit dieser Gefühlswelt des Säuglings im Hinterkopf, wie kann jetzt noch jemand abweisend sagen:

„Ja, ja, der will ja nur herumgetragen werden!
Da bist du selbst schuld, wenn du ihn daran gewöhnst!"

In den ersten drei Lebensmonaten ist das Baby noch sehr instabil und empfindlich.

Es ist Ihnen doch völlig ausgeliefert.

Wenn Sie die einfachen Grundbedürfnisse Ihres Kleinen nicht befriedigen, wer soll es dann tun?

Wenn Sie Ihr Baby nicht mit Liebe und Verständnis in die Welt führen, wer dann?

In dieser Zeit findet eine Art Verpuppung statt.

Helfen und unterstützen Sie Ihr Kind in dieser Zeit!
Führen Sie es zart und behutsam in die neue Welt ein.
Stellen Sie Ihrem Baby tägliche Aktivitäten, wie Wickeln, Schlafen, Essen, Baden etc., langsam und kurz vor, sodass es ein positives Erlebnis damit verbindet.

Die Tipps und Tricks in diesem Buch sind die Basis Ihrer Kommunikation mit Ihrem Baby. Ihr Kind spricht nicht Ihre Sprache und sieht die Welt um sich herum mit anderen Augen.

Das Einzige, was Ihr Kind versteht, ist die Körpersprache und der Klang Ihrer Stimme. Mehr nicht. Mit diesen zwei Mitteln müssen Sie in den ersten Monaten verstärkt kommunizieren.

Ich zeige Ihnen, wie das geht.

Ihr Kind wird in den ersten Wochen weder auf Ablenkungsmanöver noch auf Spielsachen direkt reagieren. Am Anfang werden Sie sich oft fragen, wann und ob Ihr Baby überhaupt auf all Ihre Bemühungen reagiert.

Bestimmt wird es Momente geben, in denen Sie endlich einmal eine Wertschätzung sehen möchten, ein Lächeln, irgendetwas Positives.
Haben Sie Geduld und erwarten Sie erst einmal nichts von Ihrem Kind. Das kommt alles erst etwas später, dafür dann aber umso intensiver.

Sie werden sehen, dass Sie nach der ersten Anfangszeit ein ganz anderes Kind vor sich haben.
Ein Baby wie aus den Zeitschriften, die einen mit großen Kulleraugen anlachen und vor Freude quietschen.

Meine persönlich intensivsten Momente erlebte ich, als meine sechs bis zwölf Wochen alten Babys hundertprozentig zufrieden waren, sich verstanden fühlten, entspannt in meinen Armen lagen und mir tief in die Augen sahen.

Mir stiegen Tränen in die Augen und ich sagte bewegt:

„Ich bin die glücklichste Mutter der Welt und liebe dich über alles, weißt du das?"

Daraufhin stiegen auch meinem Baby die Tränen in die Augen.

Diese Momente haben sich mir für immer eingeprägt und wiegen jede Sekunde meiner Bemühungen auf.

Kommunikation
- Tipps und Tricks -

- Achten Sie auf viel Körperkontakt.

- Zärtliche Berührungen, viele Streicheleinheiten und behutsame Bewegungen beruhigen Ihr Kind.

- Sprechen Sie mit Ihrem Kind, es wird Ihre Stimme wiedererkennen.

- Sprechen Sie immer in einem liebevollen Ton, damit es weiß, dass Sie es gut mit ihm meinen.

2. Schlafen

Bei diesem Thema scheiden sich die Geister. Wer kennt sie nicht, all die gut gemeinten Ratschläge der Mütter, Tanten, Freunde und Nachbarn:

„Lass ihn doch einfach schreien, das ist gut für die Lungen."

„Du verwöhnst ihn!",
„Er will sich nur durchsetztzen!",
„Der ist aber stur.",
„Der wird dir auf der Nase herumtanzen, du wirst schon sehen ..."

Um die Verunsicherung komplett zu machen, muss man sich die schier unglaublichen Berichte von Babys anhören, die man einfach hinlegt und die von selbst einschlafen.
Stellen Sie sich vor Sie wären zwei Monate alt, in einem fremden Land bei fremden Menschen.

Sie sprechen die Sprache nicht und können nicht kommunizieren. Sie können sich nicht bewegen, sich nicht einmal kratzen, wenn Sie irgendwo zum Beispiel ein Kleidungsetikett juckt.

Die neue Umgebung und das neue Essen bereiten Ihnen große Schwierigkeiten.

Sie wollten hier eigentlich gar nicht sein, niemand hat Sie gefragt und Sie wollen am liebsten wieder nach Hause. Sie sind ziemlich durcheinander.

Wenn Sie müde sind, können Sie nicht gut einschlafen, ständig tut Ihr Bauch weh, Sie erbrechen oft oder stehen kurz davor.
Ihnen ist ab und zu kalt, denn zu Hause war es ja viel wärmer.

Keinem können Sie es sagen, denn keiner versteht sie.
Sie wollen wirklich niemanden ärgern oder provozieren.
Und dann kommt das Schlimmste:
Wenn Sie bitterlich vor sich hin weinen, werden die Menschen um Sie herum nervös, schimpfen und Sie werden einfach ignoriert.
Man legt Sie in die Ecke, die Menschen laufen vor Ihnen davon und machen die Tür zu.
Jetzt schreien sie natürlich umso mehr, bis ... na ja, bis sie dann doch irgendwann einschlafen, vor Erschöpfung, ganz allein.
Und beim nächsten Mal schreien Sie weniger, bis Sie es ganz aufgeben.
Bis Sie gelernt haben, dass niemand kommt, wenn Sie es brauchen und wünschen.

Hier eine Frage zum Nachdenken an alle Mütter: Kennen Sie irgendein Säugetier, das sein Neugeborenes schreien lässt, wenn es ruft, und dann auch noch wegläuft?

Stellen Sie sich vor, Ihr heiß geliebter Partner will nur mit Ihnen zusammen wohnen, wenn Sie und er in getrennten Betten schlafen.
Er ist davon überzeugt, dass er Sie mit einem gemeinsamen Schlafzimmer nur zu sehr verwöhnt.
Er befürchtet, dass Sie ihn nur ausnutzen werden und er es ihnen auch nicht mehr abgewöhnen kann.
Ist das ein Argument?

Und meinen Sie wirklich, dass kleine Menschen anders fühlen?
Halten Sie sich immer eine Sache vor Augen:

Kinder sind Erwachsene, NUR mit weniger Lebenserfahrung. Sie fühlen aber im Grunde genau wie wir, auch wenn nicht immer so nuanciert.

Wie würde es sich stattdessen anfühlen, wenn die Menschen um Sie herum Sie in den Arm nähmen und trösteten? Wenn die Menschen um Sie herum ein Lied für Sie singen und sie ganz fest umarmen würden?
Wie wäre es, wenn Sie die Wärme und die Liebe der fremden Menschen spürten?
Vielleicht vergäßen Sie dabei Ihren Schmerz oder er fühlte sich nur noch halb so schlimm an.
Denn geteiltes Leid ist halbes Leid.

Sie verstehen als Säugling die Bedeutung der Worte nicht, doch egal welche Sprache die Menschen um Sie herum sprechen, den Tonfall können Sie ganz genau deuten. Das würde Sie doch sicherlich beruhigen. Das würde Sie darüber hinwegtrösten, dass Sie Ihr früheres Zuhause verloren haben.

Ihr Baby muss sich erst umgewöhnen und die neue Umgebung – und vor allem auch Sie – lieben lernen.

Der Körper durchläuft eine radikale Umstellung.
Er muss selbstständig atmen und verdauen, die Augen müssen Eindrücke verarbeiten und die Gefühle fahren Achterbahn.

Erwarten Sie keine Wunder von Ihrem Kind, denn es braucht Zeit.
In den meisten Fällen schläft Ihr Baby in den ersten zwei Wochen einigermaßen stabil.

Wenn die berüchtigten 3-Monats-Koliken beginnen sollten, rechnen Sie aber mit vielen Unterbrechungen.
Nach kurzer Zeit wird der Säugling wieder wach.
Er tut dies nicht etwa, um Sie zu ärgern oder um sich durchzusetzen, sondern in 95 Prozent aller Fälle aus ersichtlichem Grund.

Atmen Sie tief durch, nehmen Sie Ihr Kind wieder in den Arm, singen Sie immer und immer wieder das selbe beruhigende Schlaflied und Sie werden nach ein bis zehn Minuten sehen, dass es entweder ein Bäuerchen machen, spucken oder in die Windel machen muss oder vielleicht einfach unter starken Bauchschmerzen leidet (siehe nächstes Kapitel).

Bereiten Sie sich darauf vor, dass dies sowohl am Tag als auch in der Nacht der Fall sein wird.

Geben Sie Ihrem Kind Zeit, Zuneigung und all Ihr Verständnis. Es sind ja nur ein paar Wochen.
Sie können von einem Kind, das beim Laufen stolpert, nicht verlangen, dass es gleicht losrennt.

Helfen Sie ihm erst einmal, ohne Stolpern zu laufen, und später wird es dann von ganz allein losrennen.
Glauben Sie mir, Ihr Kind wird es Ihnen mit entspannten Zeiten danken.

Hören Sie auf Ihren Mutterinstinkt und nicht auf die gut gemeinten Ratschläge anderer.
Machen Sie kein Schlaftraining in diesem Alter.
Soll das denn die erste Erfahrung im Leben Ihres Kindes sein?
Alleine einschlafen lernen kann Ihr Kind auch noch später, wenn es Sie versteht und die Beziehung stabil ist, wenn es gelernt hat und auch darauf vertrauen kann, dass Sie es gut meinen und das Schlaftraining keine Zurückweisung ist.

Am Anfang ist es egal, wie und wo Ihr Kind einschläft. Hauptsache, es schläft glücklich, geborgen und zufrieden ein.

Es muss wirklich erst lernen, in den Schlaf zu fallen. Und was gibt es Schöneres, als in Mamas und Papas Bett sanft zu entschlummern?

Ob Sie es stundenlang im Arm tragen, einen Marathon im Hausflur absolvieren oder den Kinderwagen im Wohnzimmer herumschieben, verzweifelt ein paar Runden um den Hausblock drehen, das Baby in der Wippe auf der Waschmaschine einschläft.

HAUPTSACHE, Sie helfen Ihrem Kind beim Einschlafen.

Schlafen
- Tipps und Tricks -

• Greifen Sie die alte Methode des Puckens auf, die schon unsere Großmütter verwendet haben, um ihrem neugeborenen Baby das vertraute Gefühl der Enge im Mutterleib und damit Geborgenheit zu vermitteln.
Pucken bedeutet das Einwickeln des Babys in mehrere Tücher und wird heute wieder von Hebammen empfohlen. Man hat festgestellt, dass Pucken insbesondere nervöse Babys beruhigt, denn es verhindert den Moro-Reflex.
Bei diesem Reflex schrecken die Babys oft aus dem Schlaf auf und weinen.
Neuen Studien zufolge hilft Pucken auch, das Risiko des plötzlichen Kindstods zu reduzieren, da die Babys besser schlafen.

• Probieren Sie einfach verschiedene Techniken aus, z. B. Schaukeln, Tragen, leichtes Wippen etc.

• Ganz wichtig ist, dass Sie jede Technik konsequent etwa drei bis fünf Minuten anwenden, bevor Sie zu einer anderen Methode übergehen. Ihr Baby braucht erst ein paar Minuten, um sich zu fangen, um die Änderung wahrzunehmen und sich darauf einzulassen.

• Ab dem dritten Monat entwickelt Ihr Mäuschen meist ganz von allein einen stabileren Schlafrhythmus.

• Damit Ihr Kind eine schöne, gleichmäßige Kopfform bekommt, sollte es mit dem Rücken seitlich an ein Kissen gelegt werden. Wechseln sie die Seiten dann regelmäßig.

3. Bauchschmerzen und Drei-Monats-Koliken

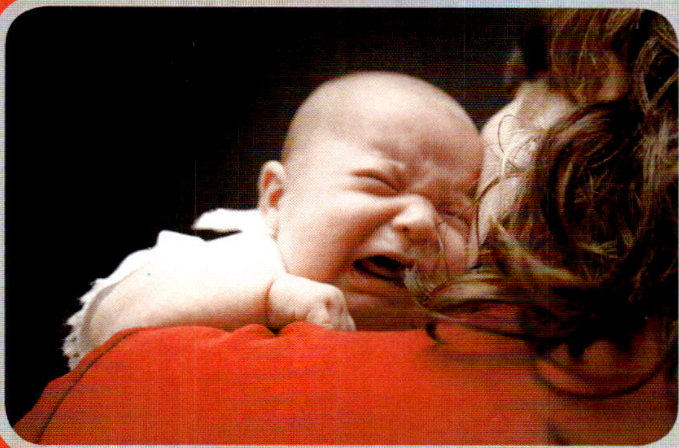

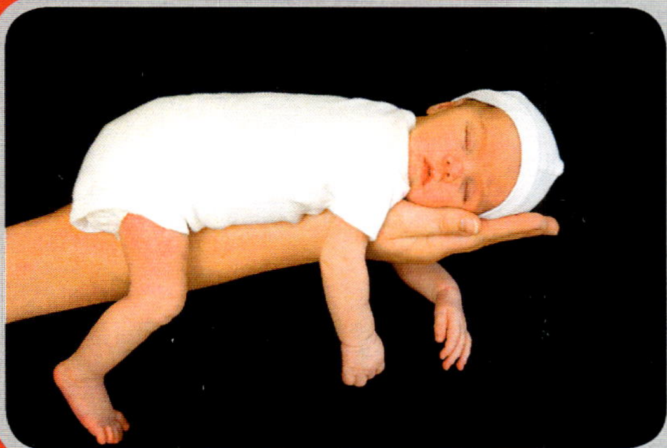

Sie als Elterteil sind der Schlüssel zum Erfolg.

Ihr Baby weint niemals ohne Grund.

Sie müssen nur die simplen Grundbedürfnisse Ihres Babys erkennen und verstehen lernen.

Dann können Sie einfache Tipps gezielt mit Erfolg anwenden.

Auch zu diesem Thema gibt es unterschiedliche Auffassungen.
Manche behaupten, dass die Koliken durch Bauchschmerzen auftreten, andere sagen, sie seien Zeichen der Überforderung und die Eindrücke des Tages müssten verarbeitet werden.

Wie auch immer, Fakt ist, dass es ab der zweiten oder dritten Lebenswoche verstärkt zu Schreiphasen kommen kann.
Bei richtigen Koliken treten die Symptome meist immer um die gleiche Uhrzeit auf, leider vorwiegend abends und nachts, wenn Sie auch schon müde und erschöpft sind. Aber verzweifeln Sie nicht, denn auch diese Zeit ist meistens ab dem dritten Monat vorbei.

3-Monats-Koliken erkennt man daran, dass das Baby heftig jammert, quengelt und schreit, sich ganz steif macht, die Händchen zu Fäusten ballt, die Beine anzieht und Arme und Beine wieder wegstößt.

Versetzen Sie sich auch in dieser Situation wieder in die Lage ihres Babys und denken Sie daran, dass Ihr Baby Sie niemals ärgern, provozieren oder gar stur sein will.

Es schreit regelrecht um Hilfe.
In diesen Phasen oft sogar nahezu hysterisch, und dies trotz aller Tipps und Tricks.

Vermitteln Sie Ihrem Kind die deutliche Botschaft, dass es in guten Händen ist, Sie es lieben, Sie ihm versuchen zu helfen, und es in Ordnung ist zu weinen.
Wiegen Sie den Säugling in Ihren Armen in den Schlaf und singen Sie dabei Ihr gemeinsames Schlaflied, um es zu beruhigen.
Wenn das Baby vor lauter Kreischen nichts hören kann, müssen Sie sich eben etwas näher zum Ohr hin beugen.
Kommunizieren Sie wie besprochen über Körpernähe und Tonfall.

Vor allem eins ist wichtig:
Ruhe bewahren, was - zugegeben - sehr schwierig ist, wenn die Nerven bereits blank liegen.

Zeigen Sie Ihre Liebe, denn das Baby kann ja schließlich noch nicht wissen, dass der Schmerz von innen kommt und nicht von Ihnen.

Und wenn es trotzdem noch weint, dann wenigstens in Ihren Armen und nicht irgendwo allein im Zimmer.
Tun Sie das, was Ihr Kind beruhigt.

Meistens wollen die Säuglinge tatsächlich nur **herumgetragen** werden. Das Phänomen der Dreimonatskoliken ist bei Naturvölkern, die ihre Kinder ständig bei sich tragen, weitgehend unbekannt.

Es sind sehr anstrengende Zeiten – vor allem nachts.
Wechseln Sie sich mit Ihrem Partner bei der nächtlichen Wanderung ab.
Holen Sie den verlorenen Schlaf tagsüber nach.
Lassen Sie den Haushalt wenn nötig liegen. Jetzt ist nichts und niemand auf der Welt wichtiger, als Ihr Kind.
Bitte schreien Sie Ihr Baby niemals an oder überlassen Sie es nie aus Wut sich selbst oder schütteln es gar.

Denken Sie daran, dass es nur vor Schmerz oder Überforderung weint.
Wenn Sie keinen deutlichen Grund erkennen, dann trösten Sie sich mit dem Gedanken, dass kein Baby zum Spaß an der Freude weint.

Beruhigen Sie Ihr Kind, werden Sie kreativ.
Je weniger das Baby tagsüber schreit, desto ruhiger werden die Schlafphasen.

Je weniger es weinen muss, desto aufnahmefähiger ist es für positive und entwicklungsfördernde Eindrücke.

Denken Sie aber daran, dass sich die Kleinen noch nicht durch Spielzeug oder gar Ihr Kitzeln ablenken lassen. Das kommt erst ab dem dritten Monat.

Zeigen Sie ihm nur, dass Sie da sind und dass Sie nicht die Schmerzquelle sind.
Mehr können Sie nicht tun.

Und bereiten Sie sich darauf vor, dass oft nichts hilft und Ihr Baby vom Schreien erschöpft in Ihren Armen einschlafen wird.
Das Schreien ist nicht persönlich gegen Sie gerichtet und auch kein Zeichen dafür, dass Sie eine schlechte Mutter sind oder etwas Falsches tun.
Wenn Sie das wissen, können Sie mit den Stressmomenten gelassener umgehen.

Bauchschmerzen und Drei-Monats-Koliken - Tipps und Tricks -

• Viele Babys reagieren in dieser Zeit sehr empfindlich auf kohlensäurehaltige Getränke. Bitte vermeiden Sie diese.

• Trinken Sie und/oder Ihr Kleines viel Fencheltee.
Hausmittel wie das Einreiben des Bauchnabels mit Kümmelöl können ebenfalls Linderung verschaffen.

• Ein schönes, aber kurzes warmes Bad vor der sich täglich wiederholenden Schreizeit tut Wunder.

• Bei anhaltendem Weinen können die Babys Luft schlucken, was zu weiteren Bauchschmerzen führt.
Rasches Trösten und senkrechtes Herumtragen zum Aufstoßen der geschluckten Luft können helfen.

• Auf Hektik und Anspannungen im Umfeld reagieren manche Babys mit Schreien. Hier kann vielleicht der Tagesablauf umstrukturiert werden.

• Manche Kinder bekommen bei zu kurzen Stillzeiten verstärkte Bauchschmerzen. Strecken Sie die Zeiten um jeweils fünf bis zehn Minuten. Reagieren Sie bitte jedoch nicht mit Stillen auf das Schreien, wenn die Stillzeit noch nicht gekommen ist.

• Manchmal genügt ein einfacher Schnuller, um das Kind zu beruhigen. Zur Überbrückung der ersten drei Monate ist er bestens geeignet. Sie sollten aber erst versuchen herauszufinden, was Ihr Baby wirklich braucht.

• Benutzen Sie den Schnuller nur als allerletztes Mittel und nicht, um Ihr Kind zum Schweigen zu bringen, wenn es berechtigte Bedürfnisse äußert. Spätestens mit dem ersten Geburtstag sollten Sie Ihr Kind jedoch entwöhnen. In diesem Alter ist der Widerstand gering und die Umstellung noch relativ einfach.

• Wenn Sie Ihr Kind hinlegen, versuchen Sie immer, die Unterlage etwas schräg zu polstern. Legen Sie dazu zum Beispiel ein großes flaches Kissen oder Handtuch unter die Matratze. Sie können auch das Stillkissen entsprechend schräg polstern und Ihr Kind darauf legen. Bei den Kleinen hat man oft das Gefühl, dass die Verbindung zwischen Magen und Mund immer geöffnet ist. Legt man das Baby auf eine ebene Unterlage, wird man sofort merken, dass es zu quengeln beginnt, weil es mit der aufsteigenden Milch zu kämpfen hat.

• Herumtragen im **Fliegergriff** (Baby liegt mit dem Bauch auf dem Unterarm von Mama oder Papa, die Beinchen hängen nach unten) können die Beschwerden lindern.

4. Stillen

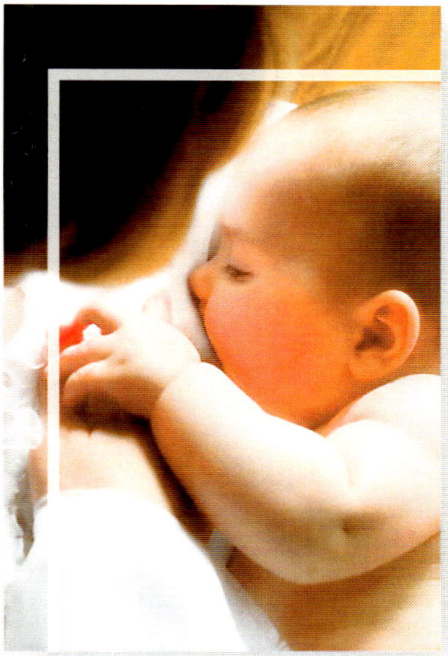

Stillen ist die natürlichste Sache der Welt.

Beim Stillen geben Sie Ihrem Kind Nahrung, Schutz und lebenswichtige Liebe zugleich.

Die Muttermilch wirkt dabei wie ein biologischer Impfstoff.

Um entspannt stillen zu können, sollte man verstehen, dass sich die Milchproduktion grob in zwei wichtige Phasen unterteilt.

Zuerst produziert der Körper die Erstmilch, später die reife Muttermilch.

1. Erstmilch

Die Erstmilch (auch Kolostrum oder Kolostralmilch genannt) versorgt das Neugeborene mit allen lebenswichtigen Nähr- und Wirkstoffen und enthält alle wichtigen Antikörper gegen Krankheiten.

Die wichtigste Funktion des **Kolostrums** ist, das Neugeborene nach der Geburt vor Keimen, Bakterien, Viren und Pilzen zu schützen. Es wirkt wie eine natürliche Impfung.
Im Mutterleib ist das Baby über das Immunsystem der Mutter geschützt. Nach der Geburt muss das Kind sein eigenes Immunsystem entwickeln.

Die Produktion dieser nahrhaften Erstmilch hält nicht lange an. Legen Sie Ihr Baby deshalb nach der Entbindung so schnell wie möglich an und lassen Sie es danach so oft wie möglich trinken.

Ihr Körper beginnt mit der Produktion der äußerst geringen, aber unwahrscheinlich kostbaren Erstmilch, die im Gegensatz zur später produzierten Milch leicht dickflüssig ist und eine gelbliche Färbung hat.

Auch wenn Sie manchmal daran zweifeln, ob ihr Neugeborenes überhaupt trinkt, machen Sie sich keine Sorgen.

Eine Gewichtsabnahme bis zu zehn Prozent ist in der ersten Lebenswoche völlig normal und wird durch häufiges Anlegen nach einigen Tagen wieder aufgeholt.
Solange Ihr Baby nicht andauernd hysterisch vor Hunger schreit, halten Sie geduldig durch.

Zu Beginn reicht die Erstmilch völlig aus, um alle Bedürfnisse des Säuglings zu befriedigen. Das Zufüttern ist nicht notwendig, ja sogar nicht zu empfehlen, denn wenn das Baby seltener an der Brust saugt, führt dies zu einer geringeren Produktion an Muttermilch.

2. Reife Muttermilch

Das angespannte Schwellen der Brüste und der tatsächliche Milcheinschuss finden meist erst nach zwei bis sechs Tagen statt.

Es gibt nichts Besseres für Ihr Kind als Muttermilch. Sie ist immer steril, immer warm, immer zur Hand. Gesünder geht es nicht.

Die reife Muttermilch kann man grob in Vorder- und Hintermilch einteilen.

Vordermilch = Trinken
Hintermilch = Essen

Der Hauptbestandteil der Muttermilch ist Wasser. Zu Beginn der Stillmahlzeit ist die Muttermilch durstlöschend, der nachfolgende Anteil ist kalorienhaltig und sättigend. Ihr Baby sollte also so lange an einer Brust trinken, bis es ausreichend Kalorien zu sich genommen hat. Trinkt es nur kurz, dann ist der Hunger auch noch nicht gestillt.

An sehr heißen Tagen oder wenn das Baby Fieber hat, wird es sehr oft an die Brust wollen und jedes Mal nur kurz trinken. So erhält es automatisch mehr Flüssigkeit und weniger Kalorien.

Tun Sie alles, was in Ihrer Macht steht, um bis zum sechsten Monat voll zu stillen. Damit verringern sie das Allergierisiko und geben Ihrem kleinen Säugling eines der intensivsten Erlebnisse überhaupt.
Während des Stillens herrscht Ruhe und Harmonie zwischen Mutter und Kind. Es kann ein großes Glücksgefühl sein, wenn Ihr Baby Sie mit großen Augen beim Saugen anschaut.

Der Körperkontakt beim Stillen gibt Ihrem Kind die lebenswichtige Nähe und Zärtlichkeit, die es für eine gesunde Entwicklung braucht.

Füttern Sie Ihr Kind nach Bedarf, am Tag und auch in der Nacht. Lassen Sie sich nicht aus der Ruhe bringen, wenn Ihr Kind öfters mitten in der Nacht aufwacht, weil es Hunger hat. Und sorgen Sie sich auch nicht, weil sich keine regelmäßigen Mahlzeiten abzeichnen. Es gibt Kinder, die alle ein bis zwei Stunden Hunger bekommen, und wieder andere, die alle drei bis vier Stunden kommen.

Wachstumsschub

Erfahrungsgemäß wird Ihr Baby zwischen dem 7. und 10. Tag, der 4. und 6. Lebenswoche und auch um die 12. Lebenswoche mehr Milch verlangen und öfters gestillt werden wollen.

Vertrauen Sie Ihrer inneren Stimme und den natürlichen Bedürfnissen Ihres Kindes.

**Am Anfang haben Sie nur ein Ziel.
Das Stillen in Gang zu bringen und nach Bedarf zu stillen.**

Sollten Sie doch feststellen, dass Ihr Kind mit zu viel Milch in zu kurzen Abständen Mühe hat, dann strecken Sie die Stillzeiten einfach etwas. Gehen Sie dabei bitte langsam und mit System vor. So könnten Sie die Stillzeit in der ersten Woche zum Beispiel um fünf bis zehn Minuten strecken.
In der zweiten Woche um zehn Minuten und so weiter. Verlängern Sie die Stillzeiten, bis Sie merken, dass die Essenszeiten genau auf die Bedürfnisse Ihres Kindes und den Magen abgestimmt sind.

Natürlich erzählen manche Mütter von Ihren Wunderbabys, die pünktlich alle vier Stunden gestillt werden und nachts durchschlafen.

Die Regel sind solche Säuglinge sicher nicht.

Stillen
- Tipps und Tricks -

• Nehmen Sie sich viel Zeit beim Stillen.

• Wenn das Baby Ihre Brustwarze an seiner Wange spürt, wird es sich in den meisten Fällen instinktiv zur Brust hinwenden und die Brustwarze umschließen. Falls der Suchreflex ausbleibt, können Sie Ihr Kind stimulieren, indem Sie es an der Wangenseite zu den Lippen hin streicheln. Es wird sich dann mit offenem Mund zur Streichelbewegung drehen.

• Ihr Kind wird bald ein System entwickeln, um die Brustwarze zu finden. Meistens schütteln sie den Kopf hin und her, um mit der dabei erzeugten Reibung die Brustwarze zu härten und somit zu finden.

• Schützen Sie die Brustwarze vor dem Wund werden und legen Sie Ihr Baby unbedingt neu an, wenn es nur an der Brustwarze saugt.
Schieben Sie vorsichtig einen Finger zwischen die Zahnleiste Ihres Babys damit sich das Saugvakuum löst. Legen Sie es erneut an und helfen Sie ihm dabei, auch einen Teil des Warzenvorhofs zu umfassen.

• Die ersten Saugmomente tun etwas weh, doch man gewöhnt sich bald daran.

• Stellen Sie jedoch eine stärker schmerzende Stelle an der Brust fest, könnte es sich um Milchstau handeln. Dieser sollte sofort behandelt werden, da es innerhalb weniger Stunden sonst zu einer Entzündung und damit zum Ende des Stillens kommen kann.

• Falls Ihr Kind einmal nervös und unruhig ist, nicht trinken will oder gar schreit, dann geben Sie nicht auf.
Dieser Moment hat nichts mit Ihnen persönlich zu tun. Oft wird durch die erneute Nahrungsaufnahme der Darm in Bewegung gesetzt, was sehr oft zu Schmerzen führt. Die Kleinen sind recht empfindlich, man sagt, Jungen sogar noch mehr als Mädchen.

• Legen Sie stets mit Ruhe an, wenn nötig während des Laufens. Die Laufbewegungen wirken beruhigend auf das Baby. Wenn die anfänglichen Schmerzen überwunden sind, geht der Rest wesentlich einfacher. Sie können sich dann auch wieder in Ihre gewohnte Stillposition setzten bzw. legen.

• Nach dem Stillen, wenn möglich, immer ein Bäuerchen machen. Schläft das Kind ohne Bäuerchen ein, wird es ohnehin in Kürze wieder wach, weil es noch einmal aufstoßen muss.

• Rechnen Sie mit quengeligen Tagen, an denen Ihr Baby viel weint und ständig an die Brust will. Dies wird wahrscheinlich am neunten Lebenstag, in der dritten Lebenswoche und noch einmal mit drei und sechs Monaten vorkommen. Das ist ganz normal und vergeht meistens nach ein bis zwei Tagen. (Am besten Sie markieren sich diese Tage schon vorab im Kalender.) Stillen Sie, wenn nötig, jede Stunde und machen Sie sich keine Sorgen. Es geht auch wieder vorbei. Sollte die Phase doch einmal länger dauern, suchen Sie zur Sicherheit einen Arzt auf.

• Achten Sie bei sich selbst auf gute Ernährung, viel Milch und beobachten Sie die Reaktion Ihres Kindes auf bestimmte Nahrungsmittel.

• Verwenden Sie in der Stillzeit kein Parfum, da ihr natürlicher Körpergeruch Vertrautheit und Geborgenheit vermittelt.

5. Kleidung

Stressfrei umziehen – gewusst wie.

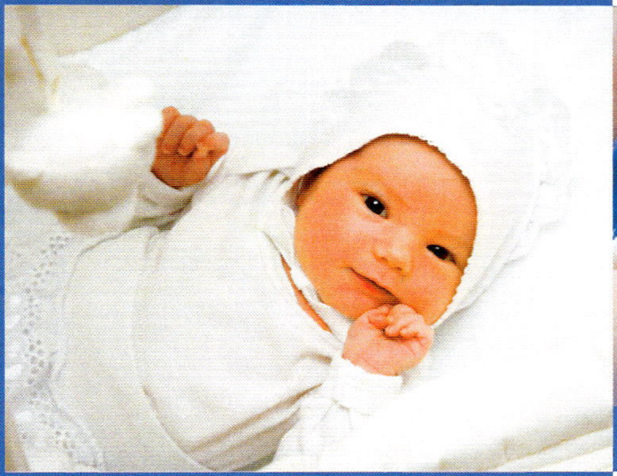

Babyfreundliche und praktische Kleidung gezielt erkennen.

So wird auch der tägliche Kleiderwechsel zur Freude für Sie und Ihr Kind.

Bitte muten Sie ihrem Liebling in den ersten vier Wochen nicht zu viel Kleidung zu. Am geeignetsten ist Wickelkleidung, wie sie auch im Krankenhaus nach der Entbindung verwendet wird.
Ein Wickelunterhemd und Windelhosen sind praktisch, weil nicht gleich das ganze Set erneuert werden muss, sollte mal etwas danebengehen.

Achten Sie bei Strampelanzügen und Bodys darauf, dass man sie von unten und gleichzeitig von der Seite bzw. vorne öffnen kann.

Es gibt auch Kleidung, die man hinten vollständig öffnen kann. Letzteres ist insbesondere beim Oberteil wichtig.
Ich verstehe gar nicht, warum noch andere Strampelanzüge, Bodys und Babykleidung hergestellt werden.

Verwenden Sie bei Kleidung, die direkt mit der Haut in Berührung kommt, möglichst Gewebe mit wenigen Farbstoffen wie einfarbige weiße Unterwäsche aus reiner Baumwolle.

In den ersten Wochen können die Babys die Temperatur noch nicht selbst regulieren. Sie sollten deshalb schön warm eingepackt werden. Die Wärme sind sie gewöhnt und es beruhigt vor allem die Bauchschmerzen. Machen Sie es kuschelig, angenehm eng und warm im Bett. Sie können das Bettchen auch immer schön mit einer Wärmeflasche vorwärmen. Dies hat bei meinen Kindern Wunder gewirkt.

Bitte wechseln Sie nicht ständig die Kleider, wenn Ihr Kind das Umziehen hasst und jedes Mal schreit. Ihr Kind braucht keinen Schlafanzug und Hausanzug und dann noch ein Besucher-Outfit.
Es genügt völlig – sofern nicht verschmutzt –, jeden Morgen ein frisches Ensemble anzuziehen. Sobald sich Ihr Kind etwas an das Umziehen gewöhnt hat, können Sie es für den Besuch hübscher anziehen.

Denken Sie auch beim Umziehen immer an die Kommunikation mit Ihrem Kind.
Singen Sie ein schönes sanftes Lied, sodass Ihr Baby Sie auch trotz der Schreie hört, und gehen Sie sanft vor.

Versetzten Sie sich auch hier in Ihr Baby. Es versteht nicht, warum es jetzt auf einmal hin und her bewegt wird, es auf einmal kalt wird und Sie an ihm herumzerren.
Es weiß nur, dass sich das Ganze nicht gut anfühlt.

Erzählen Sie dem Baby, was Sie gerade tun, auch wenn es sich am Anfang etwas fremd für Sie anfühlt.
Die Konversation könnte so ablaufen:

„Ja hallo, so, jetzt wickeln wir dich wieder. Hmmm, du bekommst eine frische Windel und etwas Neues zum Anziehen.
Oh je, da ist aber was ausgelaufen, na dann bekommst du auch noch eine neue Hose. Siehst du, die ist aber schön, die hat dir Papa gekauft.
Ja, weißt du, Papa und Mama haben dich ganz doll lieb. Mensch, du machst das aber prima!
So, jetzt noch der rechte Arm durch den Ärmel und die letzten Knöpfe zu und FERTIG."

Streicheln Sie Ihr Kind zwischendurch und geben Sie ihm Küsschen und denken Sie stets an die Wichtigkeit der Körpersprache und des Tonfalls.
Heben Sie Ihr Kind am Ende schön langsam wieder hoch, umarmen und beruhigen Sie es.

Glauben Sie mir, schon nach einigen Tagen wird das Umkleiden weniger stressig ablaufen.

Kleidung
- Tipps und Tricks -

• Prüfen Sie das Wärmeempfinden Ihres Kindes am Nacken. Ist er warm und trocken ist alles okay. Ist er feucht, ist es zu warm, ist er kalt, ist dem Baby auch kalt.

• Ziehen Sie dem Kleinen immer Söckchen an. Wenn manchmal die Hände etwas kalt werden, ist es nur halb so schlimm, aber kalte Füße trocknen die Schleimhäute aus und führen schneller zu Erkältungen.

• In den ersten Monaten sind die Babys sehr kälteempfindlich. Den größten Körperteil des Neugeborenen stellt der Kopf dar. Wärmeverluste finden verstärkt am Kopf statt, sodass eine Mütze die richtige Auswahl ist.
Bei extrem heißen Temperaturen, kann sich unter der Mütze jedoch ein Wärmestau entwickeln.
Deshalb sollte nur bei direkter Sonneneinstrahlung eine schützender Sonnenhut getragen werden.

• Ziehen Sie Ihr Kind nur in warmen Räumen um, denn Kinder reagieren auch auf Kälte mit Schreien.

6. Wickeln

Wickeln mit Spaß und Freude.

Wie auch Sie entspannt und mit Humor diese eher unangenehme Aufgabe meistern.

Generell mögen es Babys nicht, gewickelt und umgezogen zu werden.

Sie frieren dabei und außerdem dauert es immer so lange. Aber mit einigen Tipps und guter Kommunikation wird der Wickeltisch bestimmt bald ein geliebter Platz.

Ich habe eine gute Freundin, die auf der Babystation im Krankenhaus arbeitet.
Sie erzählte mir, dass meistens immer ein oder mehrere Babys gleichzeitig schreien und sie sich deshalb nicht sofort um jedes kümmern kann, auch wenn Sie dies gerne möchte.

Aus reinem Zeitmangel bleibt oft das Gespräch mit den Kindern aus, sie werden seltener gestreichelt, die Pflegerinnen können auch nicht immer Lieder singen und beruhigende Worte finden. Es herrscht schlicht Personalmangel auf der Station.
Die Aufgaben werden eher routinemäßig durchgeführt, was sehr schade ist und sich auf die Reaktion der Neugeborenen nachteilig mit Schreien auswirkt.

Stellen Sie sich vor, Sie erblicken das Licht der Welt, in die Sie mit Gewalt gepresst wurden.
Alles ist plötzlich grell, so kalt und Sie wissen nicht recht, was mit Ihnen geschieht.

Eines aber merken Sie wohl: dass sich jemand um Sie kümmert (irgendeine Schwester im Babyzimmer), und das mal mehr und mal weniger, mal dauert es länger, mal geht es schneller. Wenn Sie Glück haben, dann nimmt Sie jemand hoch, und wenn nicht, dann schreien Sie eben so lange, bis jemand kommt oder Sie erschöpft einschlafen.
Ab und zu werden Sie zu Mama gebracht, was Sie erst lernen müssen zu verstehen.

Jemand badet Sie und jemand anderes dreht Sie manchmal hin und her, zieht Sie aus, wischt Ihnen irgendwas am Körper ab und steckt Ihnen ein viel zu großes Erwachsenen-Thermometer in den Hintern.

Und all das wird Ihnen auch noch von verschiedenen Leuten zugemutet.
Was würden Sie tun, wenn das öfters passiert?

Ich bin mir sicher, Sie würden ganz schnell anfangen zu schreien, und beim nächsten Mal bestimmt schon im Voraus, oder nicht?

Die gute Nachricht ist, dass Ihr Säugling dies auch wieder vergessen kann. Nach diesen ersten Erfahrungen ist es jedoch kein Wunder, dass es erst eine Weile dauert, bis die Kinder merken, dass es ihnen zu Hause anders ergeht.

Sie werden viel Freude am Wickeln haben, wenn Sie nur auf die Sprache Ihres Kindes bauen und lernen, diese zu verstehen.
Es kann wohl ein bis zwei Wochen dauern, bis die Krankenhaus-Erfahrung vergessen ist, aber der Tag kommt ganz bestimmt.

Das Ziel sollte sein, dass Ihr Kind nur positive Erfahrungen mit den nötigen Handlungen in Verbindung bringt.

Sobald Sie merken, dass Ihr Baby sich an die Situation gewöhnt hat, brauchen Sie nicht mehr so viel zu singen und einfühlsam auf Ihr Kind einzureden.
Irgendwann um die achte Lebenswoche herum fangen die Kleinen an zu lächeln und ab der zwölften Woche lassen sie sich auch durch kleinere Kitzeleien beim Wickeln ablenken.
Dann fängt das Spielen an und es wird für Sie noch einfacher, die Sprache und die Signale Ihres Kindes zu verstehen.

Wickeln
- Tipps und Tricks -

Eliminieren Sie alle unnötigen Schreifaktoren.

• Bereiten Sie den Wickeltisch vor und legen Sie Strampler, Body, Windel, Creme etc. schon griffbereit hin, damit es nicht unnötig lange dauert. Öffnen Sie auch die Windel schon. Es kann schnell einmal etwas danebengehen, dann muss meist die ganze Garnitur erneuert werden.

• Schaffen Sie sich bitte eine kleine elektrische Heizung an. Die kostet um die 20 Euro und kann notfalls in jedem Zimmer kurz angeschlossen werden. Beim Umkleiden oder Wickeln können Sie mit dem Gerät schön und schnell heizen, gleichzeitig ist das eine kostengünstige Alternative zum Dauerheizen.

• Legen Sie den Kopf Ihres Kindes auf ein Spucktuch oder Ähnliches, da die Wickelunterlage zu kalt ist.

• Bitte benutzen Sie anstatt der kalten Feuchttücher die schönen warmen Öltücher, sofern Ihr Kind diese verträgt. Ihr Baby zuckt bei der Berührung mit kalten Tüchern jedes Mal zusammen, was weiteren Anlass zum Schreien gibt. Das kann mit warmen Öltüchern vermieden werden.

• Sprechen Sie mit dem Baby wie im Abschnitt über den Kleiderwechsel beschrieben. Singen Sie ein Lied, auch wenn Ihr Schützling kreischt, reden Sie ihm gut zu und streicheln Sie ihn ab und zu.

• Bitte stecken Sie Ihrem Kind kein Thermometer mehr in den Hintern, außer es ist dringend nötig. Es gibt mittlerweile ausreichend angenehmere Alternativen.

7. Baden

Das Wasser von Anfang an genießen.

Den richtigen Zeitpunkt zum Baden wählen.

Mit Olivenöl die Haut verwöhnen und schützen.

Vergleichen Sie das notwendige Waschen Ihres Säuglings bitte nicht mit Ihrem entspannenden Wannenbad, bei dem Sie sich verwöhnen und viel Zeit im Wasser verbringen.
Nicht jedes Baby liebt das Wasser von Anfang an. Machen Sie es ihm aber so angenehm wie möglich, damit es das Baden lieben lernt.

Baden
- Tipps und Tricks -

• Bringen Sie das Wasser auf die richtige Temperatur. Dafür eignen sich am besten Wasserthermometer für Babys.

• Heizen Sie das Zimmer wieder gut.

• Bereiten Sie alles vor und baden Sie Ihr Kind am Anfang möglichst zu zweit. Man benötigt in der Anfangszeit wirklich vier Hände.

• Verwenden Sie keine Seife und kein Schaumbad – etwa 10 - 13% aller Kinder sind in Deutschland bereits an Neurodermitis erkrankt. Geben Sie stattdessen nur einen Schuss Olivenöl ins Wasser. Auch die Haare des Babys müssen noch nicht mit Seife gewaschen werden.

• Wählen Sie einen Zeitpunkt für das Bad, zu dem Ihr Baby weder müde noch hungrig ist. Das ist häufig etwa zehn Minuten nach dem Stillen der Fall. Dann hat das Kind schon sein Bäuerchen gemacht und ist zufrieden. Meistens ist zudem die Windel gefüllt und es kann losgehen. Für mich und all meine Kinder war dies der beste Zeitpunkt, auch wenn es oft heißt, man solle nicht mit vollem Magen baden.

• Bringen Sie das Baden so schnell wie möglich über die Bühne, damit es ein positives Erlebnis wird. Das Ausziehen empfindet das Kleine ja schon als lange. Dann kommen noch das Baden und schließlich das Anziehen hinzu. Das Bad sollte also höchsten zwei bis drei Minuten dauern. Je älter und stabiler das Kind ist, desto länger kann es gebadet werden. Später will es meistens gar nicht mehr aus dem Wasser.

• In den ersten Lebenswochen genügt es völlig, einmal in der Woche zu baden.

• Auch beim Baden ist es wichtig, die beschriebenen Kommunikationsmethoden anzuwenden, zu singen, mit dem Kind zu reden, es zu streicheln, zu umarmen und ihm Ihre Liebe zu zeigen. Setzen Sie Ihren Tonfall und Ihre Körpersprache IMMER gezielt positiv ein. Das ist wirklich das Einzige, was Sie haben, um zu vermitteln:
„Ich liebe dich, ich bin für dich da und alles, was ich tue, ist gut für dich."

8. Gesichtskontakt

„Schau mir in die Augen und rede mit mir.“

Die wahre Kunst der Kommunikation.

Erlernen Sie die Sprache eines wortlosen, kleinen Wesens.

In das Gesicht des Anderen zu schauen ist das Mindeste an Kommunikation. Sie haben sicher selbst schon erlebt, wie unangenehm ein Gesprächspartner ist, der Ihrem Blick ständig ausweicht.

Schon in dieser frühen Lebensphase zeigt Ihr Kind ganz spezielle Gesichtsausdrücke, die der jeweiligen Situation angepasst sind.

Manche Eltern sind so gestresst, dass sie ihr weinendes Kind schon fast apathisch durch die Gegend schleppen und ihm dabei nicht ein einziges Mal in die Augen sehen.

Bitte tun Sie das nicht.
Schauen Sie Ihr Baby so oft es geht an.

Können Sie keine Reaktion erkennen, geben Sie nicht auf. Diese Art der Kommunikation ist eine Kunst, deren Beherrschung etwas Zeit benötigt.

Bald werden Sie Gesichtsausdrücke beobachten, Unterschiede im Weinen hören und diese Signale richtig deuten.
Sie werden erkennen, ob Ihr Kind müde ist, am Weinen hören, ob es Hunger oder Schmerzen hat.

Je besser Sie Ihr Kind verstehen und je schneller Sie auf seine Bedürfnisse reagieren, desto ruhiger wird Ihr Kind. Es lernt, dass Sie es verstehen, es weiß, dass es nicht lange weinen muss, bis jemand reagiert. Je früher sie kommunizieren, desto ruhiger wird Ihr Kind.
Gegenseitiges Unverständnis erzeugt Aggressivität auf Seiten Ihres Kindes, aber auch bei Ihnen.

Gesichtskontakt
- Tipps und Tricks -

• Wenn Ihr Kind Sie aufmerksam anschaut, dann ist es besonders aufnahmefähig.

• Wenn es den Blick quengelig abwendet, dann ist er meistens müde.

• Wenn es plötzlich aufschreit und sich verkrampft, dann hat es Bauchschmerzen und im Magen oder Darm hat es mächtig gegrummelt.

• Wenn das Kleine plötzlich schreit, weil Ihr Partner das Baby nimmt, dann hat es Hunger und weiß, dass Papa nicht die Futterquelle ist. In den Armen der Mutter wird sich das Kind bald beruhigen.

9. Unterhaltung

Sie sind mit Abstand die beste Unterhaltung.

Singen, quietschen, lachen oder Tiere nachahmen, Ihr Baby berühren, massieren und herumtragen – am Anfang gibt es nichts Schöneres.

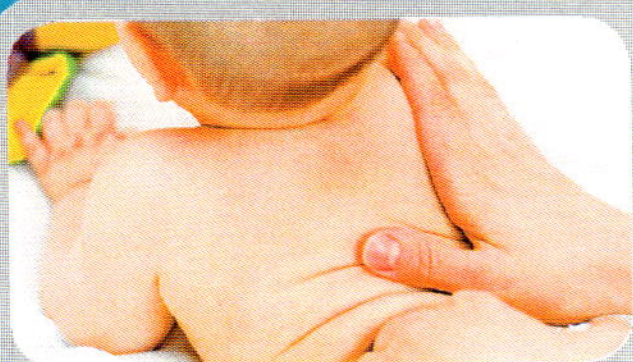

In den ersten Wochen benötigt Ihr Baby sehr viel Schlaf. Dementsprechend kurz sind die Wachphasen. Hinzu kommt, dass Ihr Kind im Wachzustand noch gefüttert, gekleidet und gegebenenfalls gebadet werden muss.

Die Momente, in denen das Baby wach und ruhig ist, sind also eher kurz und sollten deshalb gut genutzt werden.

Es gibt sehr einfache Unterhaltungsmittel.

Unterhaltung
- Tipps und Tricks -

Sehen:

Bunte Tücher, Mobile, alles was glänzt und glitzert sowie Licht und Schatten sind für alle Säuglinge interessant. Besonders wichtig sind aber die Gesichter der Eltern. Wenn das Gesicht lacht oder verschiedene Tiersprachen nachahmt, ist das ein ganz wunderbares Spiel.

Hören:

Einfache Geräusche kann das Baby schon erkennen und unterscheiden. Singen und pfeifen Sie, lachen Sie und spielen Sie mit Ihrer Tonlage.

Tasten:

Der Tastsinn ist von Geburt an sehr ausgeprägt. Babys freuen sich über jede Form des Hautkontakts. Streicheln Sie Ihr Kind, massieren Sie Hände und Füße, kitzeln Sie die Handrücken, lassen Sie Ihr Kind einen Finger halten – der Fantasie sind eigentlich keine Grenzen gesetzt. Später fängt das Baby an, Dinge festzuhalten.

Je unterschiedlicher die Qualität des gehaltenen Objekts ist, desto mehr Spaß macht es ihm. Tücher, Holzlöffel, Finger, Rassel, Schlüssel, es müssen nicht unbedingt Spielzeuge sein. Alltagsgegenstände tun es genauso gut.

Die mit Abstand beste Unterhaltung, ist getragen zu werden – auf dem Arm oder in einem Tragetuch. Es macht dem Kind Spaß, den Bewegungsrhythmus des Trägers zu spüren, die Atmung zu fühlen, die Stimme zu hören, die Nähe zu riechen und das Gesicht zu sehen.

So wird es zu einem Erlebnis für alle Sinne, das auch dann wunderbar ist, wenn die Aufmerksamkeit der Mutter ganz etwas Anderem gilt – den Einkäufen, dem Kochen, dem Spaziergang oder dem Gespräch mit Anderen.

10. Mit kleinen Schritten weit voran

In den ersten Monaten muss Ihr Kind viele Eindrücke verarbeiten, viel Neues kennenlernen und vor allem Sie kennen- und lieben lernen.

Sie lieben Ihr Kind von Anfang an. Sie haben Mutterinstinkte.
Das Baby liebt Sie aber nicht von Anfang an.

Theoretisch kann Ihr Baby zu einer anderen Mutter gelegt werden und diese fremde Mutter lieben lernen.
Die Liebe und das Vertrauen müssen Sie sich erarbeiten.

Vermitteln Sie Ihrem Kind Geborgenheit und das Gefühl, dass Sie es gut mit ihm meinen.

Gehen Sie mit Ihrem Kind Hand in Hand, ganz langsam voran.

Viele kleine Schritte von Anfang an.

Mit kleinen Schritten weit voran
- Tipps und Tricks -

• Lassen Sie Ihr Kind in den ersten sechs bis zwölf Monaten niemals schreien. Man kann Babys nicht verwöhnen oder verziehen. Es hat nur Grundbedürfnisse wie Essen und Schlafen oder es hat Schmerzen, ist überfordert, friert, muss gewindelt werden oder will umarmt werden und spüren, dass es geliebt wird.

• Setzen Sie erst Grenzen, wenn Ihr Kind anfängt, aktiv Grenzen herauszufordern. Das beginnt etwa ab dem sechsten Monat, wenn es zum Beispiel den Löffel beim Mittagessen immer und immer wieder mit einem Lächeln fallen lässt und Ihnen amüsiert dabei zuschaut, wie Sie sich genervt bücken.
Dann kann man anfangen, liebevoll zu erklären, dass der Löffel weggeräumt wird, wenn er noch einmal auf den Boden geschmissen wird.

11. Sie und Ihr Partner

Auch wenn es noch so schön ist, ein Kind zu haben, so ist die Babyzeit eine der großen Herausforderung für die Beziehung.
Damit müssen Sie sich am Anfang abfinden.

Man kann und muss natürlich versuchen, etwas Zeit für einander zu finden, aber es beginnt unwiderruflich ein neuer Lebensabschnitt.
Das heißt, dass sich auch die Partnerbeziehung verändern und der neuen Lebenssituation anpassen muss. Das geht vor allem mit viel weniger Zeit einher, die Sie als Paar für einander haben werden.

Sie und Ihr Partner
- Tipps und Tricks -

• An alle Väter, Großmütter, Großväter und sonstige Verwandte und Freunde sei stellvertretend die Bitte gerichtet: Unterstützen Sie die Mutter. Helfen Sie ihr, das Kind herumzutragen.

• Gehen Sie für sie einkaufen oder ermöglichen Sie es der Mutter, allein in die Stadt etwa auf einen Einkaufsbummel zu gehen.

• Je mehr Sie für die junge Familie tun, desto mehr Zeit und Energie bleibt für die partnerschaftliche Beziehung übrig.

Sie und Ihr Partner

SCHLUSSWORT

Es wird immer unruhige Tage geben, an denen Sie die Welt und Ihr Kind nicht mehr verstehen. Es wird immer mal einfacher und dann mal schwieriger sein, genauso wie Sie selbst mal gute und mal weniger gute Tage haben werden.

Natürlich ist jedes Kind anders und jedes hat ein anderes Temperament. Jedoch können Sie ganz sicher jedem Kind mitgeben, dass Sie es lieben.

Durch die richtige Kommunikation können Sie Ihrem Baby vermitteln, dass Sie es in der neuen, schwierigen und ungewohnten Situation nicht allein lassen und Sie immer da sind.

Sie werden feststellen, dass Sie damit gleichzeitig bewirken, dass Ihr Kind weniger schreit. Ihr Kind wird ausgeglichen und ruhig.
Verstanden zu werden beruhigt eben.

Ihr Mutterinstinkt, wie der aller Säugetiere, ist darauf abgestimmt, auf das Schreien des Kindes zu reagieren und helfen zu wollen.

Warum sonst drehen sich die Menschen um, wenn sie ein Kind weinen hören?

Warum neigen wir dazu, helfen zu wollen?
Warum fragen wir uns, warum ein Kind weint?
Warum löst dies in uns einen Beschützerinstinkt aus?

Wer möchte schon gern allein gelassen werden, wenn er traurig ist oder gar weint?

Wir alle möchten in solchen Situationen doch auch Zuwendung erfahren und nicht einsam in einem Zimmer vor uns hin weinen.

Ihrem Kind geht es ebenso.

Viele Mütter, die es anders als hier beschrieben gemacht haben, werden sagen, dass es ihren Kindern nicht geschadet hat, allein einzuschlafen.

Die Kinder hätten nur am Anfang geschrien und ihre Kinder seien auch ohne psychischen Schaden groß geworden.
Das mag wohl so sein.

Ich bin jedoch überzeugt, dass es möglich ist, den Säugling liebevoller und verständnisvoller in die für ihn neue Welt einzuführen.

Behandeln Sie Ihr Kind so, wie Sie selbst gern behandelt werden wollen, wenn Sie in Ihrem Leben nicht mehr weiter wissen oder Hilfe, Verständnis und Zuneigung benötigen.

Deshalb rate ich:

Lassen Sie Ihr Kind nicht schreien – auch wenn es gut für die Lungen ist.

Dieses Buch widme ich mit ganzem Herzen meiner Familie.

Vor allem meinen Kindern,
die mich jeden Tag aufs Neue inspirieren und mir all die Jahre die Ehre geben ihre Mama sein zu dürfen. Ich liebe euch mit Leib und Seele und Ihr seid die Erfüllung meines Lebens.

Egal was war, egal was ist, egal was die Zukunft bringt.
Vergesst nie, dass ich euch liebe und immer für euch da bin.

Yasmin – Du bist mein Mondschein - ich bewundere deinen Ehrgeiz, deine Klugheit, deine Stärke und deine Fähigkeit andere Menschen und Ihre Gefühle deuten und verstehen zu können.

Dania – Du bist mein Sonnenstrahl - ich bewundere die Begabung in dir, deine Liebe, Loyalität und Leidenschaft immer wieder mit einem Lächeln aufs Neue ein zusetzten.

Manaar – Du bist mein Sternenlicht – ich bewundere deine Fähigkeit, die Welt um dich herum sehr scharf wahr nehmen zu können und die Menschen an deiner Seite versorgen zu wollen.

Safir – Du bist mein Morgenstern –ich fühle mich verzaubert durch deine ruhige Art und dein unglaublich frühes Lächeln. Jeden Morgen aufs Neue glücklich und dankbar - dass es dich gibt.

Auch danke ich meinem Mann, der mich all die Jahre mit vielen guten Ratschlägen und Weisheiten unterstützt hat. Mein Fels in der Brandung, der mir Sicherheit, Geborgenheit und ein stabiles Zuhause gibt.

Und über allen Menschen steht Gott. Ihm allein gebührt aller Dank. Ohne Ihn gäbe es das Wunder ‚Leben' nicht, die Faszination der Geburt nicht. Ohne Ihn gäbe es mich und meine Familie nicht.